Impressum
Verlag: BABADADA GmbH, Nedderfeld 112 , 22529 Hamburg
Geschäftsführer / Verlagsleitung: Harald Hof
Druck: Books on Demand GmbH, In de Tarpen 42, 22848 Norderstedt

Imprint
Publisher: BABADADA GmbH, Nedderfeld 112 , 22529 Hamburg, Germany
Managing Director / Publishing direction: Harald Hof
Print: Books on Demand GmbH, In de Tarpen 42, 22848 Norderstedt, Germany

Szkoła
escola

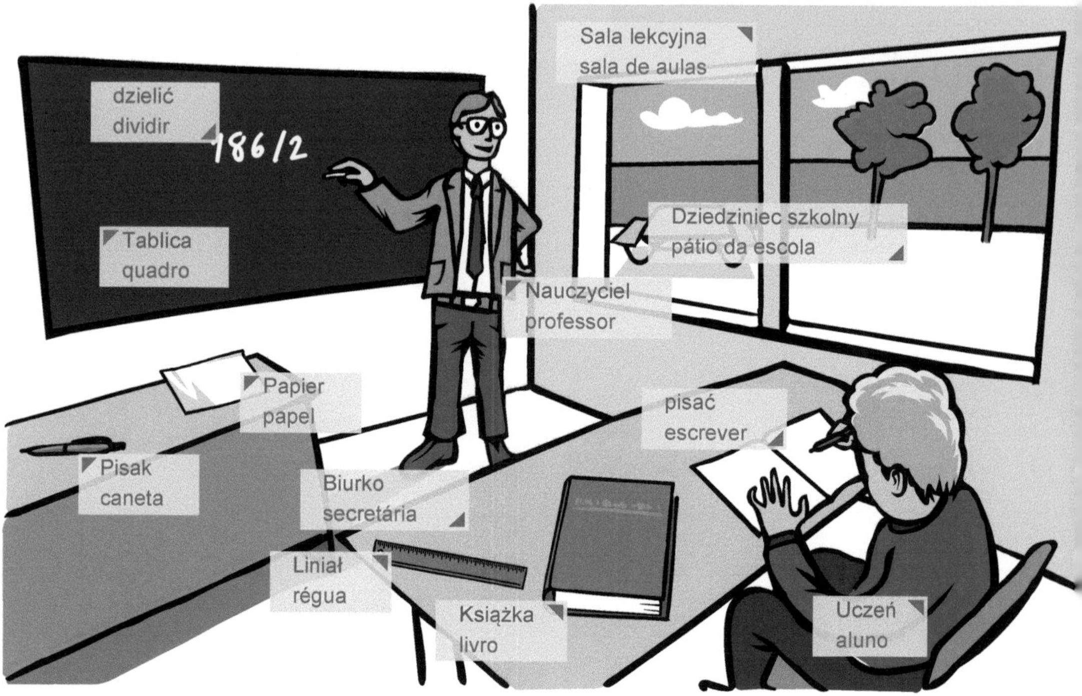

Sala lekcyjna
sala de aulas
dzielić
dividir
186/2
Tablica
quadro
Dziedziniec szkolny
pátio da escola
Nauczyciel
professor
Papier
papel
pisać
escrever
Pisak
caneta
Biurko
secretária
Liniał
régua
Książka
livro
Uczeń
aluno

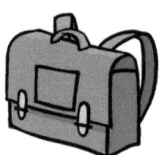

Plecak szkolny
mochila

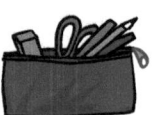

Piórnik
estojo de lápis

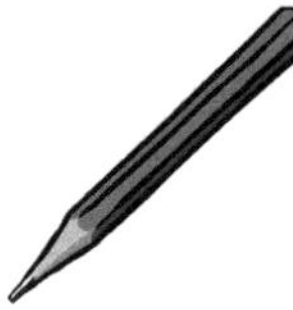

Ołówek
lápis

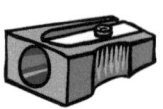

Temperówka
afia-lápis

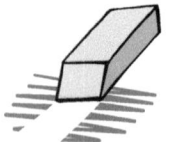

Gumka do mazania
borracha

Blok rysunkowy
bloco de desenho

Rysunek

desenho

Pędzel

pincel

Pudełko z akwarelami

caixa de tintas

Nożyce

tesoura

Klej

cola

Książka do ćwiczenia

livro de exercícios

Zadanie domowe

trabalhos de casa

Liczba

número

dodawać

somar

odejmować

subtrair

mnożyć

multiplicar

calcular

liczyć

Litera

letra

Alfabet

alfabeto

Słowo

palavra

Tekst

texto

czytać

ler

Kreda

giz

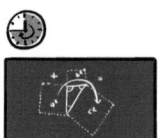

Godzina

hora

Dziennik lekcyjny

registo de presenças

Egzamin

exame

Świadectwo

certificado

Mundurek szkolny

uniforme escolar

Wykształcenie

educação

Leksykon

enciclopédia

Uniwersytet

universidade

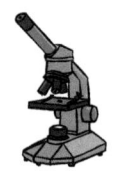

Mikroskop

microscópio

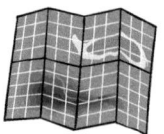

Mapa

mapa

Kosz na odpadki

cesto de lixo

Podróż
viagem

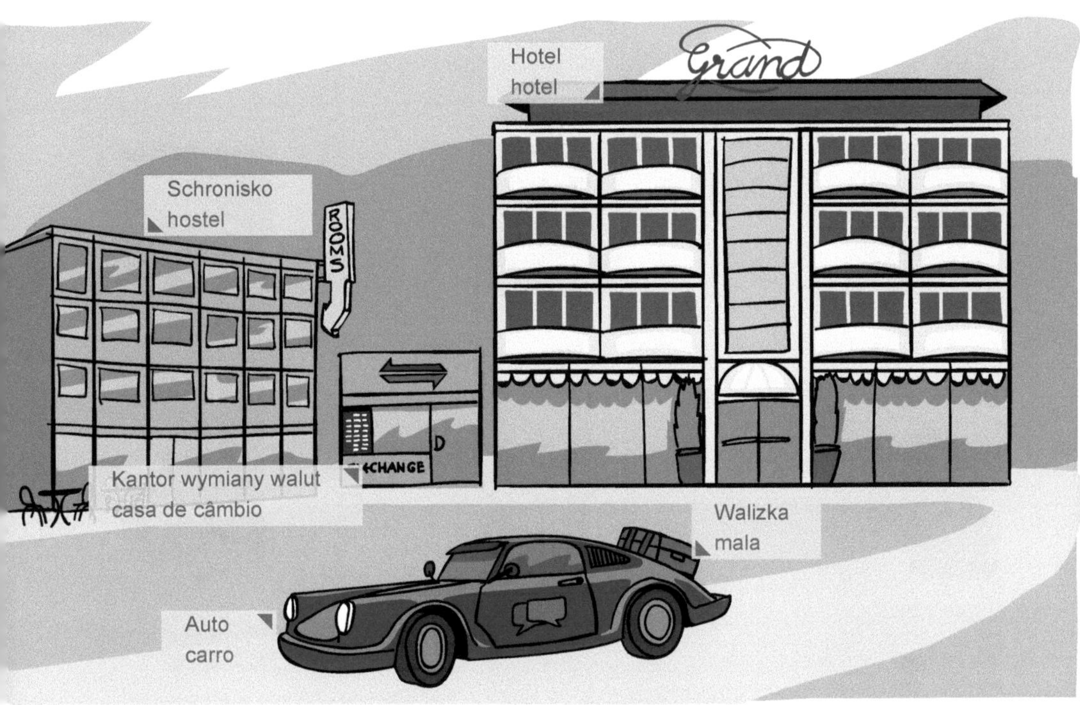
Hotel
hotel
Grand
Schronisko
hostel
ROOMS
EXCHANGE
Kantor wymiany walut
casa de câmbio
Walizka
mala
Auto
carro

Język

idioma

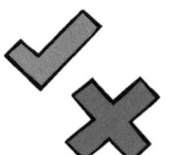

tak / nie

sim / não

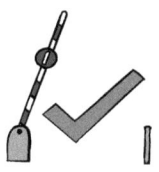

OK

ok / certo / correto

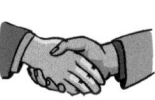

Halo

olá

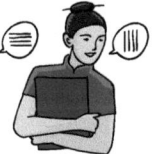

Tłumacz

intérprete

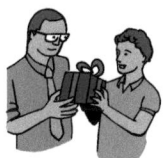

Dziękuję

obrigado

Ile kosztuje ...?

quanto é que custa... ?

Nie rozumiem

não entendo

Problem

problema

Dobry wieczór!

boa noite!

Dzień dobry!

Bom dia!

Dobranoc!

Boa noite!

Do widzenia

adeus

Kierunek

direção

Bagaż

bagagem

Torba

saco

Plecak

mochila

Gość

convidado

Pokój

quarto

Śpiwór

saco-cama

Namiot

tenda

Informacja turystyczna

informação turística

Plaża

praia

Karta kredytowa

cartão de crédito

Śniadanie

pequeno-almoço

Obiad

almoço

Kolacja

jantar

Bilet

bilhete

Winda

elevador

Znaczek na list

selo postal

Granica

fronteira

Cło

alfândega

Ambasada

embaixada

Wiza

visto

Paszport

passaporte

Transport
transporte

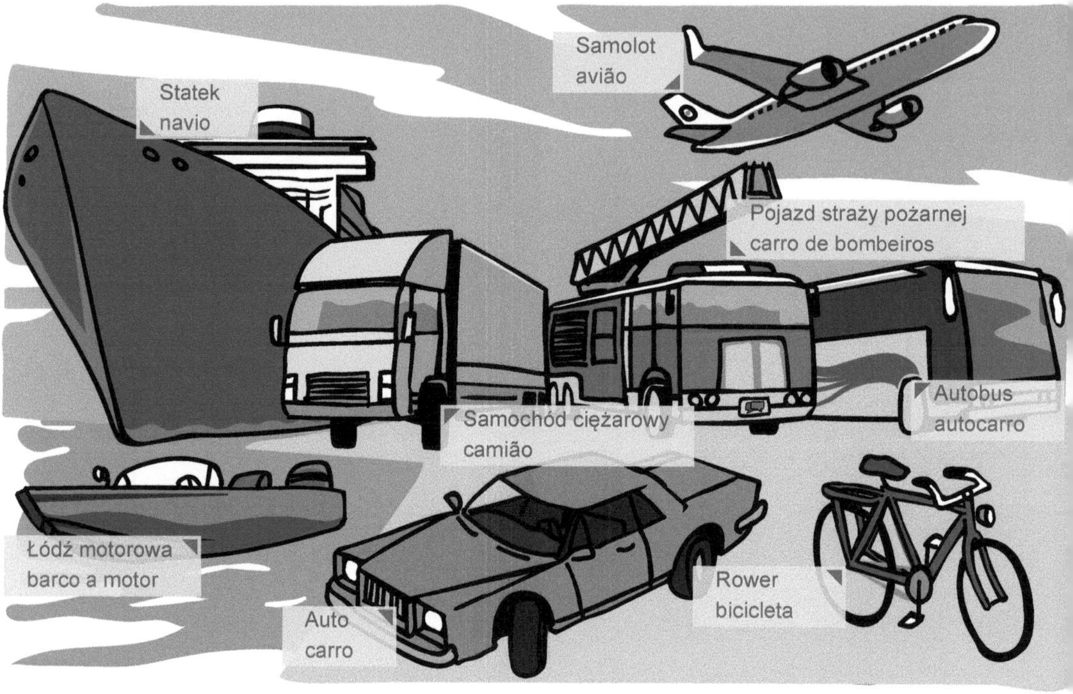
Samolot
avião
Statek
navio
Pojazd straży pożarnej
carro de bombeiros
Autobus
autocarro
Samochód ciężarowy
camião
Łódź motorowa
barco a motor
Rower
bicicleta
Auto
carro

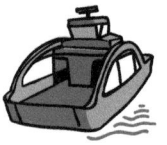

Prom
cacilheiro

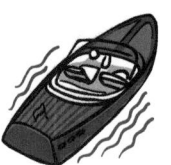

Łódź
barco

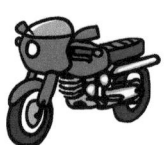

Motocykl
mota

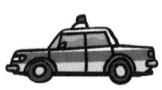

Radiowóz policyjny
carro de polícia

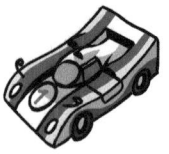

Samochód wyścigowy
carro de corrida

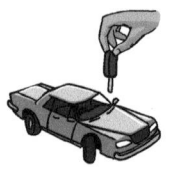

Samochód wypożyczony
carro alugado

Wspólne przejazdy
samochodem
carsharing

Samochód pomocy
drogowej
camião de reboque

Śmieciarka

camião do lixo

Silnik

motor

Benzyna

combustível

Stacja benzynowa

estação de serviço

Znak drogowy

sinal de trânsito

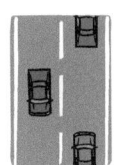

Ruch

trânsito

Korek

congestionamento de
trânsito

Parking

parque de estacionamento

Dworzec

estação ferroviária

Szyny

carris

Pociąg

comboio

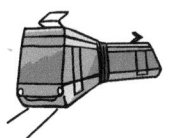

Tramwaj

elétrico

Wagon

carruagem

Transport - transporte

Helikopter

helicóptero

Lotnisko

aeroporto

Wieża

torre

Pasażer

passageiro

Kontener

contentor

Karton

caixa de papelão

Taczka

carrinho

Kosz

cesto

startować / lądować

levantar voo / aterrar

Miasto

cidade

Wieś

aldeia

Centrum miasta

centro da cidade

Dom

casa

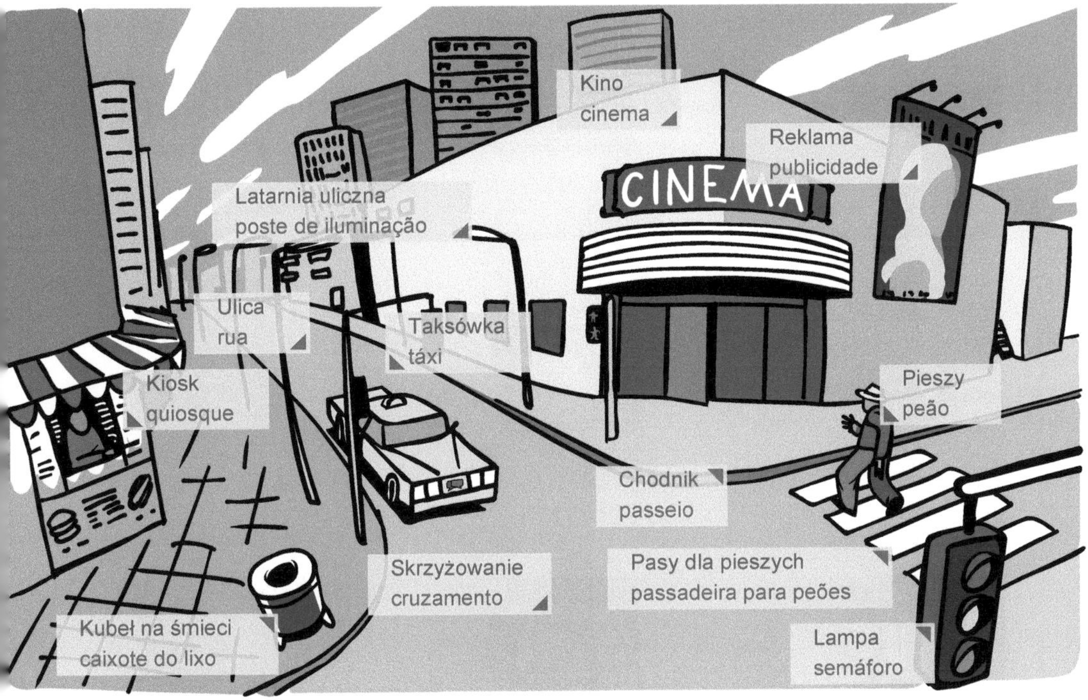

Kino
cinema

Reklama
publicidade

Latarnia uliczna
poste de iluminação

CINEMA

Ulica
rua

Taksówka
táxi

Pieszy
peão

Kiosk
quiosque

Chodnik
passeio

Skrzyżowanie
cruzamento

Pasy dla pieszych
passadeira para peões

Kubeł na śmieci
caixote do lixo

Lampa
semáforo

Chata
....
cabana

Mieszkanie
....
apartamento

Dworzec
....
estação ferroviária

Ratusz
....
câmara municipal

Muzeum
....
museu

Szkoła
....
escola

Uniwersytet

universidade

Bank

banco

Szpital

hospital

Hotel

hotel

Apteka

farmácia

Biuro

escritório

Księgarnia

livraria

Sklep

loja

Kwiaciarnia

florista

Supermarket

supermercado

Rynek

mercado

Dom towarowy

loja de departamentos

Sklep z rybami

peixaria

Centrum handlowe

centro comercial

Port

porto

Park
parque

Ławka
banco

Most
ponte

Schody
escadas

Metro
metro

Tunel
túnel

Przystanek autobusowy
paragem de autocarro

Bar
bar

Restauracja
restaurante

Skrzynka na listy
caixa de correio

Tabliczka z nazwą ulicy
sinal de trânsito

Parkometr
parquímetro

Zoo
jardim zoológico

Łaźnia
piscina

Meczet
mesquita

Gospodarstwo chłopskie

quinta

Zanieczyszczenie środowiska
poluição

Cmentarz

cemitério

Kościół

igreja

Plac zabaw

parque infantil

Świątynia

templo

Krajobraz
paisagem

Liść
folha

Drogowskaz
placa de sinalização

Droga
caminho

Łąka
prado

Kamień
pedra

Drzewo
árvore

Wędrowiec
caminhantes

Rzeka
rio

Trawa
relva

Kwiat
flor

Dolina

vale

Góra

montanha

Jezioro

lago

Las

floresta

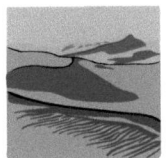

Pustynia

deserto

Wulkan

vulcão

Zamek

castelo

Tęcza

arco-íris

Grzyb

cogumelo

Palma

palma

Komar

mosquito

Mucha

mosca

Mrówka

formiga

Pszczoła

abelha

Pająk

aranha

Chrząszcz

besouro

Żaba

sapo

Wiewiórka

esquilo

Jeż

ouriço

Zając

lebre

Sowa

coruja

Ptak

pássaro

Łabędź

cisne

Dzik

javali

Jeleń

veado

Łoś

alce

Tama

barragem

Wiatrak

turbina eólica

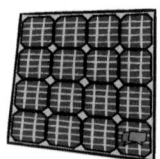

Moduł solarny

painel solar

Klimat

clima

Restauracja
restaurante

Kelner
empregado de mesa
Menu
menu
Krzesło
cadeira
Zupa
sopa
Pizza
pizza
Sztućce
talheres
Obrus
toalha de mesa

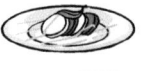

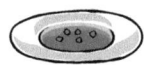

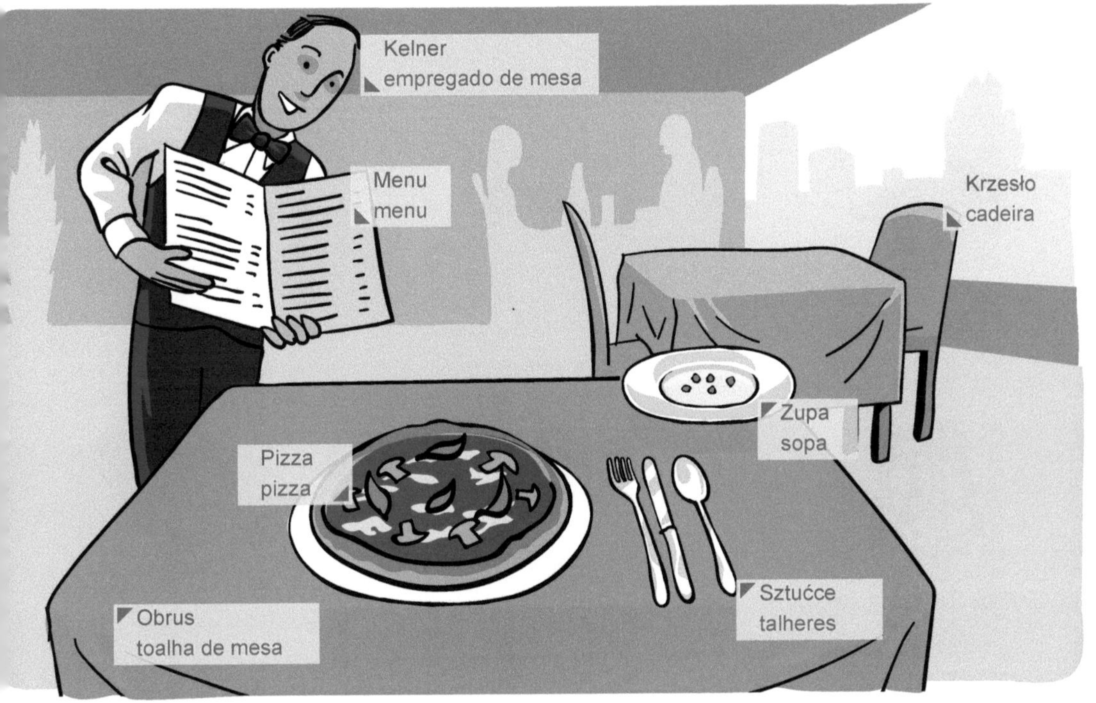

Przystawka
entrada

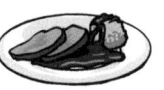

Danie główne
prato principal

Deser
sobremesa

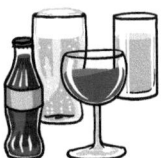

Napoje
bebidas

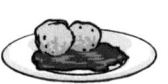

Jedzenie
comida

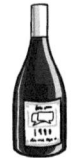

Butelka
garrafa

Fastfood

fast food

Streetfood

comida de rua

Dzbanek na herbatę

bule de chá

Cukierniczka

açucareiro

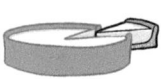

Porcja

porção

Zaparzarka do espresso

máquina de café expresso

Krzesło dla dziecka

cadeira alta

Rachunek

conta

Taca

bandeja

Noż

faca

Widelec

garfo

Łyżka

colher

Łyżeczka

colher de chá

Serwetka

guardanapo

Szklanka

copo

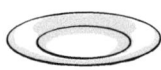

Talerz

prato

Talerz do zupy

prato de sopa

Podstawek pod filiżankę

pires

Sos

molho

Solniczka

saleiro

Młynek do pieprzu

moinho de pimenta

Ocet

vinagre

Olej

óleo

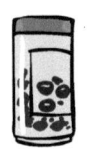

Przyprawy

especiarias

Keczup

ketchup

Musztarda

mostarda

Majonez

maionese

Supermarket
supermercado

Oferta
oferta especial
FOR
Klient
cliente
Produkty mleczne
laticínios
Owoce
fruta
Wózek sklepowy
carrinho de compras

BUTCHERS

Rzeźnia

talho

BAKERY

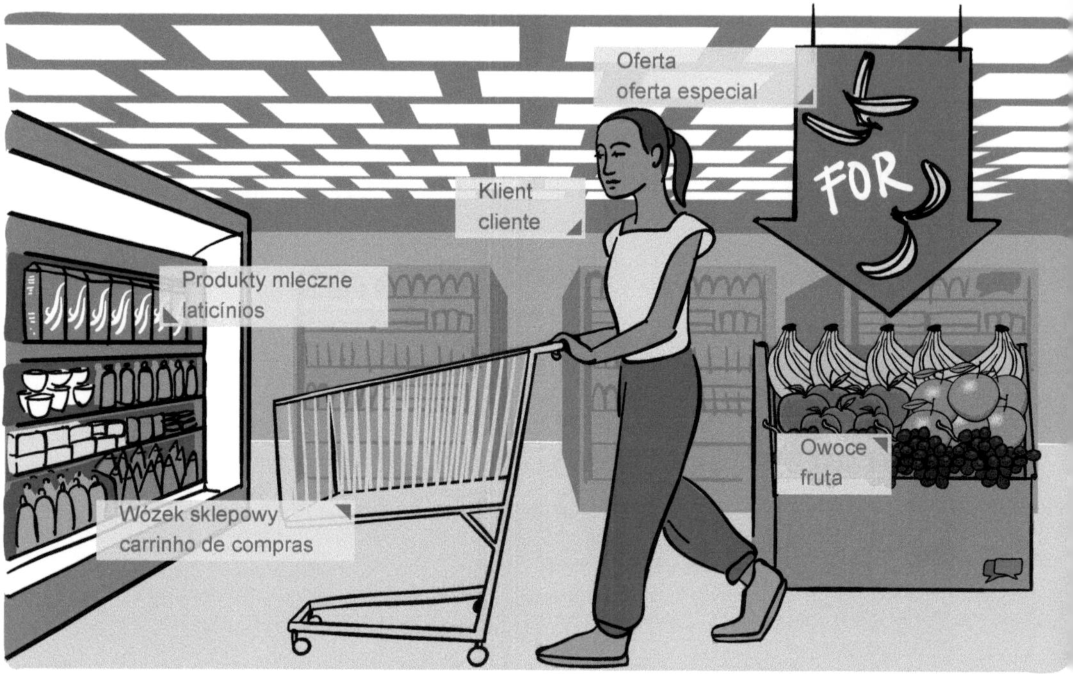

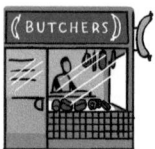

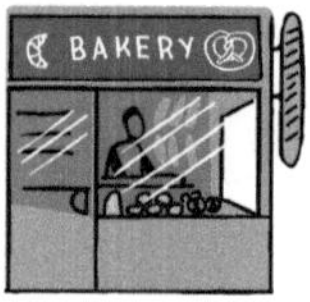

Piekarnia

padaria

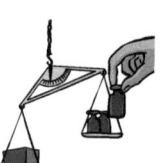

ważyć

pesar

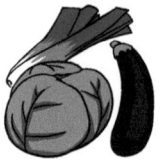

Warzywa

vegetais

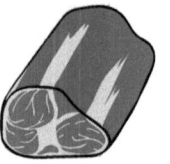

Mięso

carne

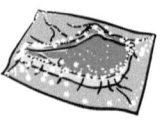

Mrożonki

alimentos congelados

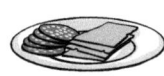

Wędliny

charcutaria

Konserwy

comida enlatada

Proszek m do prania

detergente em pó

Słodycze

doces

Artykuły użytku domowego

artigos domésticos

Środek czyszczący

produtos de limpeza

Sprzedawczyni

vendedora

Kasa

caixa

Kasjer

caixa

Lista zakupów

lista de compras

Godziny otwarcia

horário de funcionamento

Portfel

carteira

Karta kredytowa

cartão de crédito

Torba

saco

Torebka plastikowa

saco de plástico

Woda

água

Sok

sumo

Mleko

leite

Cola

coca-cola

Wino

vinho

Piwo

cerveja

Alkohol

álcool

Kakao

cacau

Herbata

chá

Kawa

café

Espresso

café expresso

Cappuccino

capuccino

Banan

banana

Jabłko

maçã

Pomarańcza

laranja

Arbuz

melão

Cytryna

limão

Marchew

cenoura

Czosnek

alho

Bambus

bambu

Cebula

cebola

Grzyb

cogumelo

Orzechy

nozes

Makaron

talharim

Spaghetti

esparguete

Ryż

arroz

Sałatka

salada

Frytki

batatas fritas

Ziemniaki pieczone

batatas fritas

Pizza

pizza

Hamburger

hambúrguer

Kanapka

sanduíche

Sznycel

bife panado

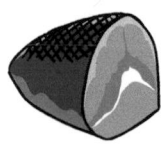

Szynka

fiambre

Salami

salame

Kiełbasa

salsicha

Kura

galinha

Pieczeń

assado

Ryba

peixe

Płatki owsiane

flocos de aveia

Musli

muesli

Płatki kukurydziane

flocos de milho

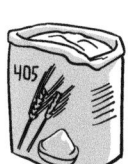

Mąka

farinha

Croissant

croissant

Bułka

carcaça (pãozinho)

Chleb

pão

Toast

torrada

Ciastka

biscoitos

Masło

manteiga

Twarożek

requeijão

Ciasto

bolo

Jajko

ovo

Jajko sadzone

ovo estrelado

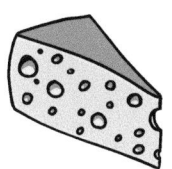

Ser

queijo

Lody

gelado

Cukier

açúcar

Miód

mel

Marmolada

compota

Krem nugatowy

creme de nougat

Curry

caril

Gospodarstwo chłopskie
quinta

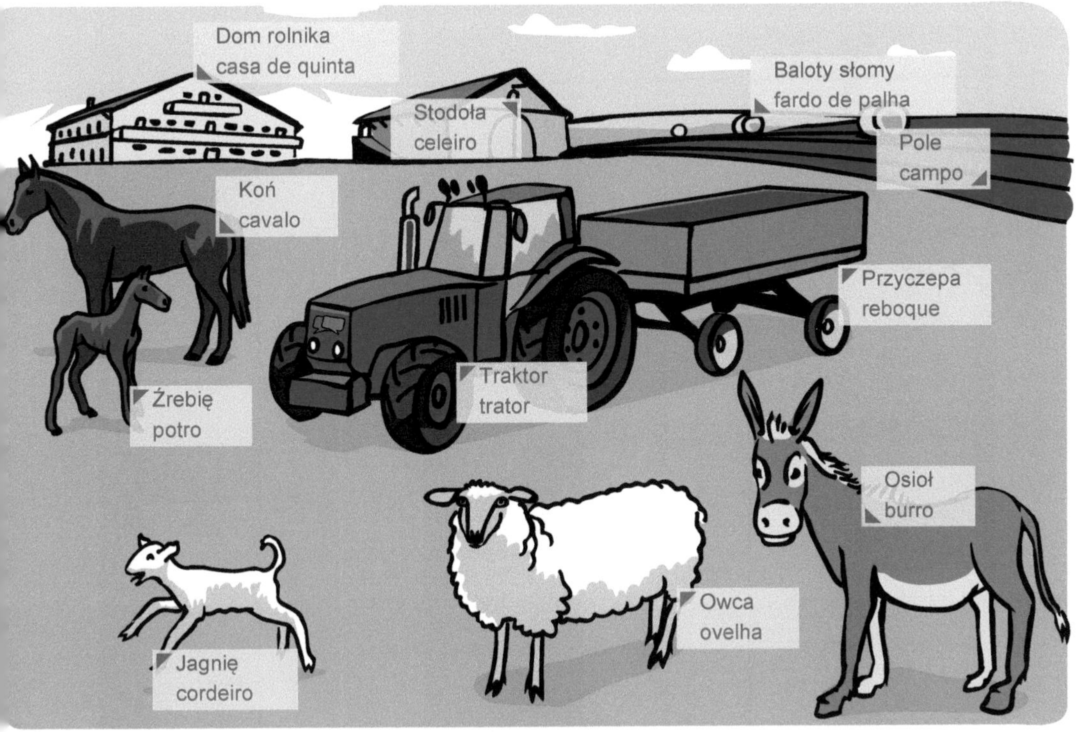
Dom rolnika
casa de quinta
Stodoła
celeiro
Baloty słomy
fardo de palha
Pole
campo
Koń
cavalo
Przyczepa
reboque
Traktor
trator
Źrebię
potro
Osioł
burro
Owca
ovelha
Jagnię
cordeiro

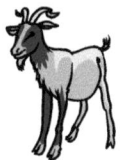

Koza

cabra

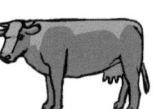

Krowa

vaca

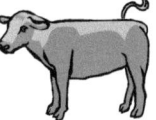

Cielę

bezerro

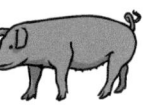

Świnia

porco

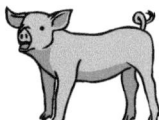

Prosię

leitão

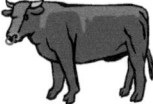

Byk

touro

Gęś

ganso

Kaczka

pato

Kurczątko

pintaínho

Kura

galinha

Kogut

galo

Szczur

ratazana

Kot

gato

Mysz

rato

Osioł

boi

Pies

cão

Buda dla psa

casota

Wąż ogrodowy

mangueira de jardim

Konewka

regador

Kosa

foice

Pług

arado

Sierp

foice

Graca

enxada

Widły

forquilha

Siekiera

machado

Taczka

carrinho de mão

Koryto

manjedoura

Kanka na mleko

jarro de leite

Worek

saco

Płot

cerca

Stajnia

estábulo

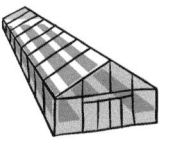

Szklarnia

estufa

Ziemia

solo

Nasiona

semente

Nawóz

fertilizante

Kombajn zbożowy

ceifeira-debulhadora

zbierać

colher

Żniwa

colheita

Podchrzyn

inhame

Pszenica

trigo

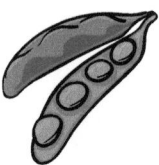

Soja

soja

Ziemniak

batata

Kukurydza

milho

Rzepak

colza

Drzewo owocowe

árvore de fruto

Maniok

mandioca

Zboże

cereais

Komin
chaminé

Dach
telhado

Rynna deszczowa
caleira

Okno
janela

Garaż
garagem

Dzwonek
campainha da porta

Drzwi
porta

Wiaderko na śmieci
balde do lixo

Skrzynka na listy
caixa de correio

Ogród
jardim

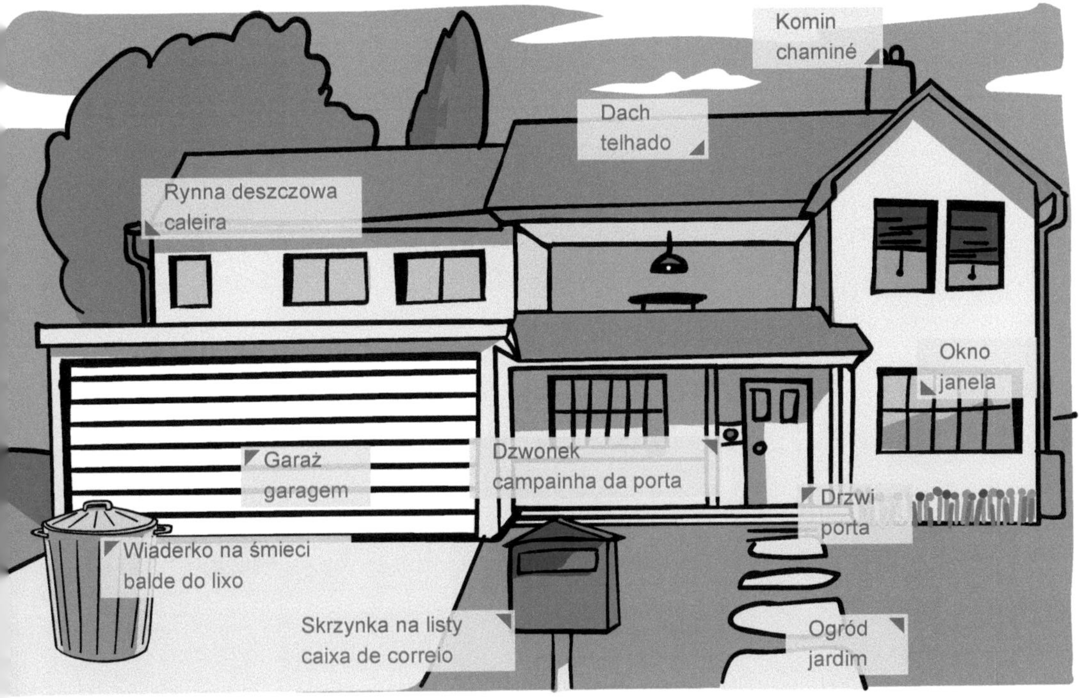

Pokój dzienny
sala de estar

Łazienka
casa de banho

Kuchnia
cozinha

Sypialnia
quarto de dormir

Pokój dziecięcy
quarto de criança

Jadalnia
sala de jantar

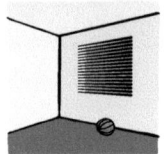

Ziemia

chão

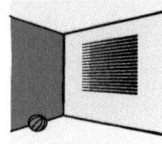

Ściana

parede

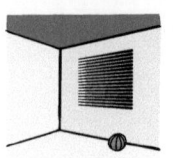

Koc

teto

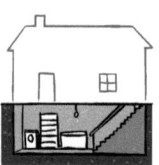

Piwnica

cave

Sauna

sauna

Balkon

varanda

Taras

terraço

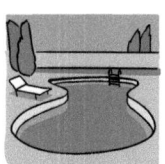

Basen

piscina

Kosiarka do trawy

máquina de cortar relvado

Poszwa

lençol

Kołdra

cobertor

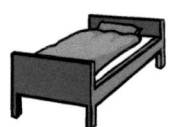

Łóżko

cama

Miotła

vassoura

Wiadro

balde

Włącznik

interruptor

Pokój dzienny
sala de estar

Tapeta
papel de parede
Obraz
imagem
Lampa
lâmpada
Regał
prateleira
Szafa
armário
Telewizor
televisão
Komin
lareira
Kwiat
flor
Poduszka
almofada
Kanapa
sofá
Wazon
vaso
Pilot
controlo remoto

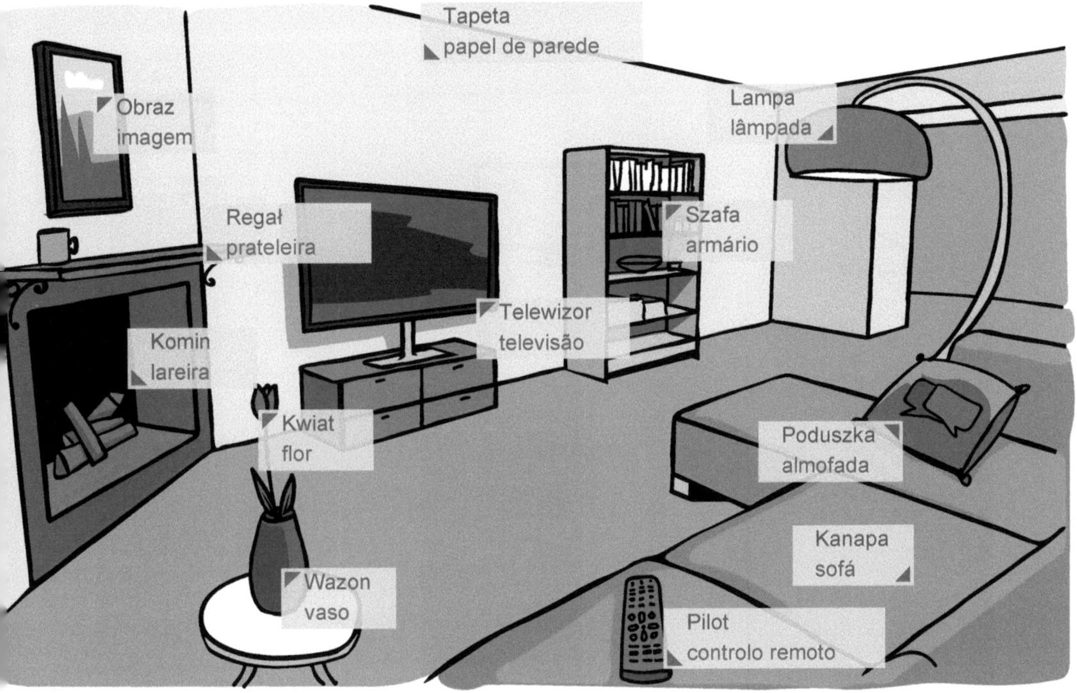

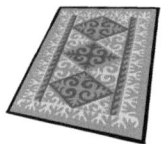

Dywan
tapete

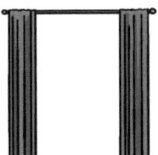

Zasłona
cortina

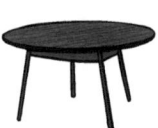

Stół
mesa

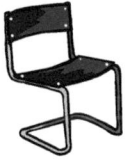

Krzesło
cadeira

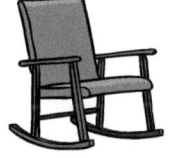

Bujak
cadeira de baloiço

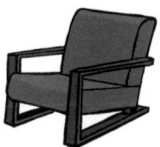

Fotel
poltrona

Książka

livro

Sufit

cobertor

Dekoracja

decoração

Drewno kominkowe

lenha

Film

filme

Instalacja stereo

sistema estéreo

Klucz

chave

Gazeta

jornal

Malunek

pintura

Plakat

póster

Radio

rádio

Notatnik

bloco de notas

Odkurzacz

aspirador

Kaktus

cato

Świeczka

vela

Kuchnia
cozinha

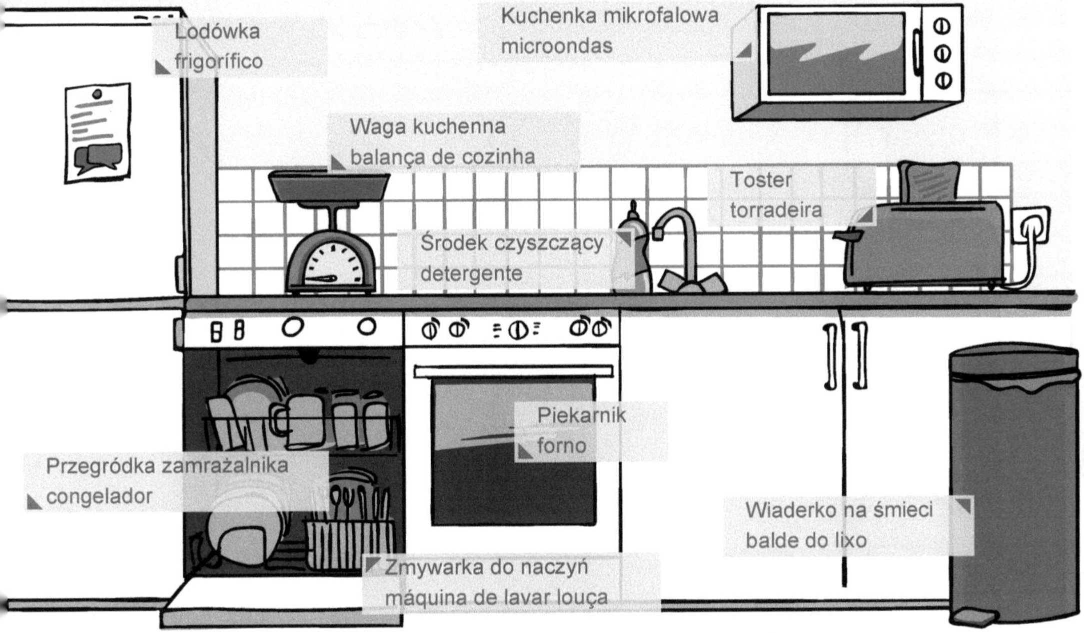
Lodówka
frigorífico
Kuchenka mikrofalowa
microondas
Waga kuchenna
balança de cozinha
Toster
torradeira
Środek czyszczący
detergente
Piekarnik
forno
Przegródka zamrażalnika
congelador
Wiaderko na śmieci
balde do lixo
Zmywarka do naczyń
máquina de lavar louça

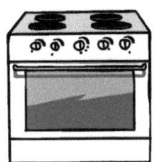

Kuchenka

fogão

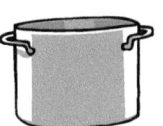

Garnek

panela

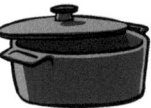

Kocioł żeliwny

panela de ferro

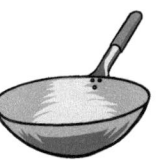

Wok / Kadai

wok / kadai

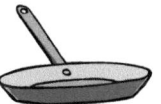

Patelnia

frigideira

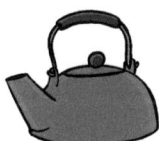

Czajnik

chaleira

Parowar

panela a vapor

Blacha do pieczenia

tabuleiro de forno

Naczynia kuchenne

louça

Kubek

caneca

Miska

tigela

Pałeczki

pauzinhos

Nabierka

concha de sopa

Łopatka do smażenia

espátula

Trzepaczka do śmietany

batedor de claras

Cedzak

escorredor

Sitko

peneira

Tarka

ralador

Moździerz

almofariz

Grillowanie

churrasqueira

Palenisko

lareira

Deska

tábua de cortar

Wałek do ciasta

rolo da massa

Korkociąg

saca-rolhas

Puszka

lata

Otwieracz do puszek

abridor de latas

Ściereczka do trzymania garnka

luvas de forno

Umywalka

lava-loiça

Szczotka

escova

Gąbka

esponja

Mikser

liquidificador

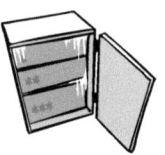

Zamrażarka

arca frigorífica

Butelka dla niemowlęcia

biberão

Kran

torneira

Łazienka
casa de banho

Ogrzewanie
aquecimento
Ręcznik
toalha
Prysznic
chuveiro
Kotara prysznicowa
cortina de chuveiro
Płyn do kąpieli
banho de espuma
Wanna kąpielowa
banheira
Szklanka
copo
Pralka
máquina de lavar roupa
Kran
torneira
Kafelki
azulejos
Nocnik
penico
Umywalka
lava-loiça

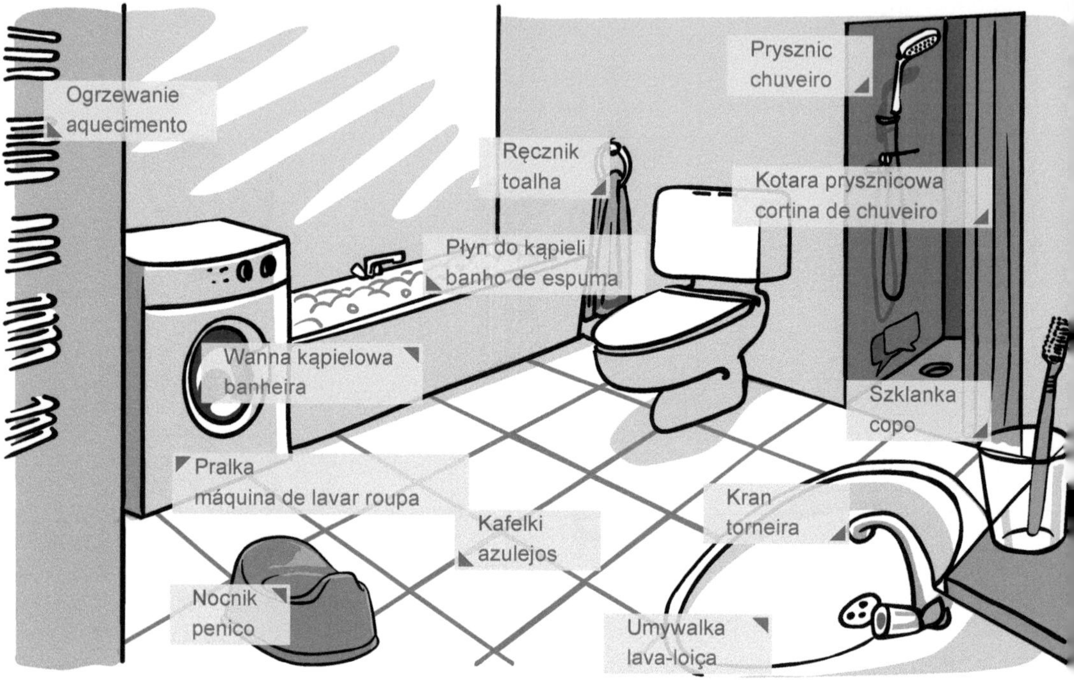

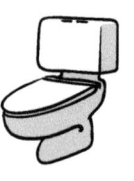

Toaleta
sanita

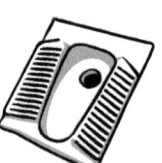

Toaleta kuczna
retrete turca

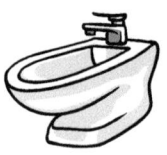

Bidet
bidé

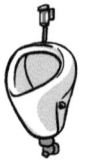

Pisuar
urinol

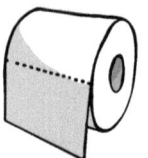

Papier toaletowy
papel higiénico

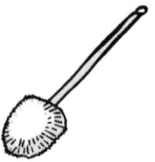

Szczotka toaletowa
piaçaba

Szczoteczka do zębów

escova de dentes

Pasta do zębów

pasta de dentes

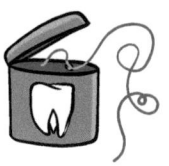

Nitki do czyszczenia zębów

fio dentário

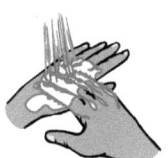

myć

lavar

Głowica prysznicowa

chuveiro de mão

Płyn kąpielowy do higieny intymnej

duche íntimo

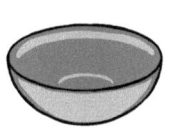

Miska do mycia

bacia

Szczotka kąpielowa

escova para as costas

Mydło

sabonete

Żel prysznicowy

gel de banho

Szampon

champô

Rękawica kąpielowa

toalha de rosto

Odpływ

escoamento

Krem

creme

Dezodorant

desodorizante

Lustro

espelho

Lustro kosmetyczne

espelho de mão

Golarka

máquina de barbear

Pianka do golenia

creme de barbear

Woda po goleniu

loção pós-barba

Grzebień

pente

Szczotka

escova

Suszarka do włosów

secador de cabelo

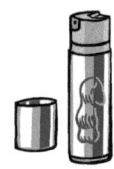

Spray do włosów

spray de cabelo

Makijaż

maquilhagem

Pomadka

batom

Lakier do paznokci

verniz de unhas

Wata

algodão

Nożyczki do paznokci

tesoura para unhas

Perfum

perfume

Kosmetyczka

nécessaire

Taboret

tamborete

Waga

balança

Szlafrok kąpielowy

roupão de banho

Rękawice gumowe

luvas de borracha

Tampon

tampão

Podpaska damska

penso higiénico

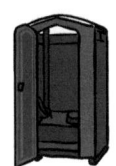

Toaleta chemiczna

WC químico

Pokój dziecięcy
quarto de criança

Budzik
despertador
Pluszowa przytulanka
peluche
Samochodzik
carro de brincar
Grzechotka
chocalho
Domek dla lalek
casa de bonecas
Prezent
presente

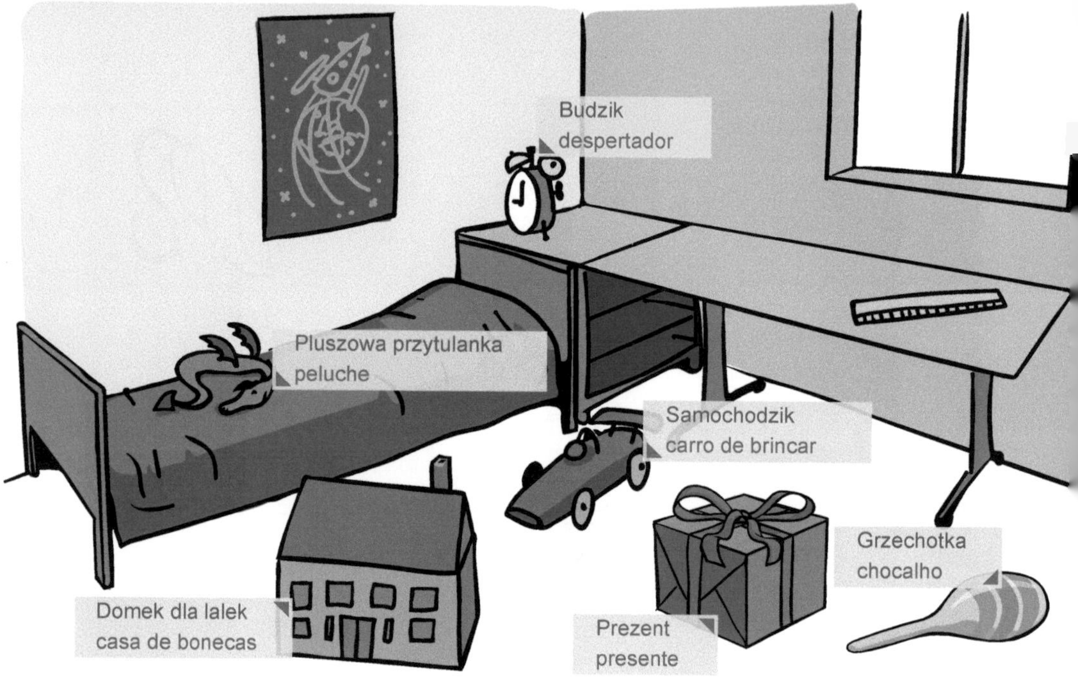

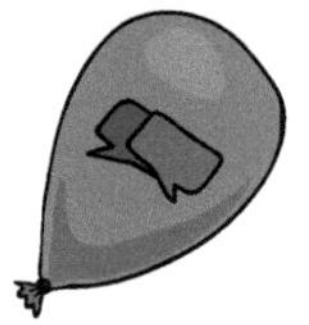

Balon

balão

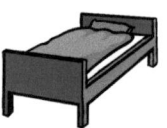

Łóżko

cama

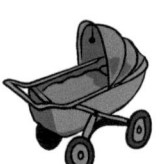

Wózek dziecięcy

carrinho de bebé

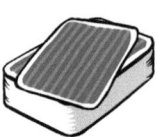

Gra w karty

jogo de cartas

Puzzle

quebra-cabeças

SUPER
MEGA

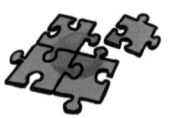

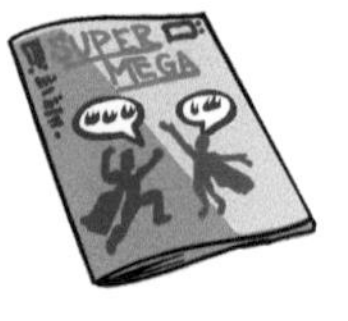

Komiks

banda desenhada

Klocki lego

peças de Lego

Klocki

blocos de construção

Action figura

figura de ação

Śpioszek dziecięcy

fato de bebé

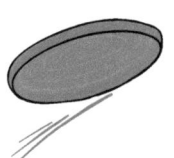

Frisbee

Frisbee

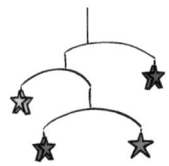

Zabawki ruchome

móbile para bebé

Gra planszowa

jogo de tabuleiro

Kości

dados

Kolejka elektryczna

pista de comboio elétrico

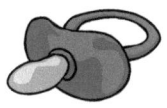

Smoczek

chupeta

Przyjęcie

festa

Książka z ilustracjami

livro ilustrado

Piłka

bola

Lalka

boneca

bawić się

jogar

Piaskownica

caixa de areia

Huśtawka

baloiço

Zabawki

brinquedos

Konsola do gier

consola de jogos

Rowerek trójkołowy

triciclo

Pluszowy miś

ursinho de peluche

Szafa ubraniowa

guarda-roupa

Ubiór

vestuário

Skarpety

meias

Pończochy

meias pelo joelho

Rajstopy

meias-calças

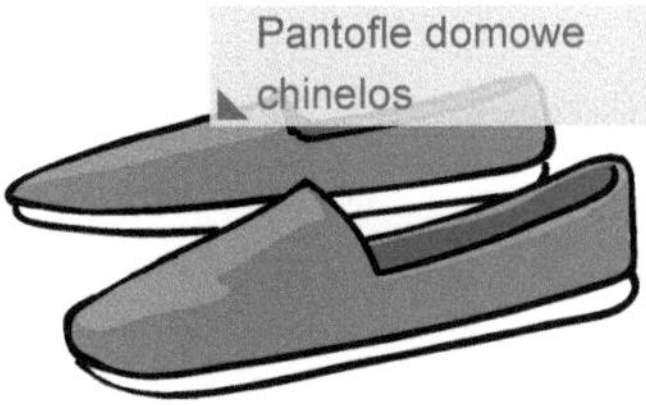

Szal
cachecol

Parasol
guarda-chuva

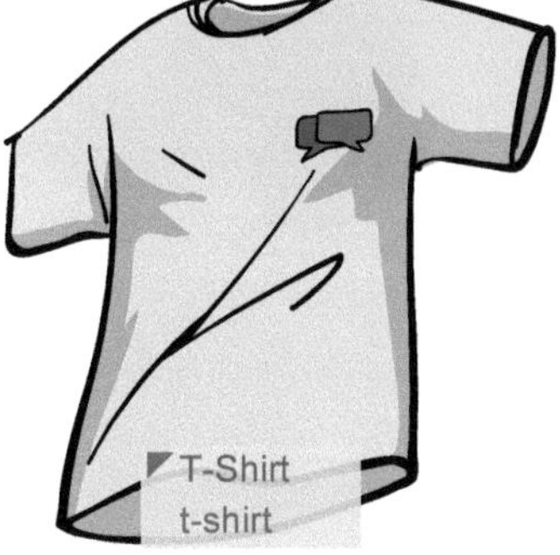

T-Shirt
t-shirt

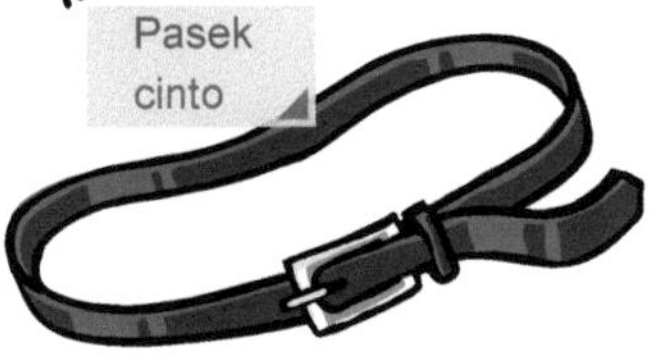

Pasek
cinto

Kozaki
botas

Pantofle domowe
chinelos

Obuwie sportowe
sapatilhas

Sandały

sandálias

Buty

sapatos

Kalosze

botas de borracha

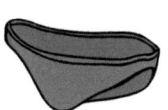

Majtki

cuecas

Biustonosz

sutiã

Podkoszulek

camisola interior

Body

body

Spodnie

calças

Dżins

calças de ganga

Spódnica

saia

Bluzka

blusa

Koszula

camisa

Pulower

pulôver

Bluza sportowa

camisola com capuz

Marynarka

blazer

Kurtka

casaco

Płaszcz

manto

Płaszcz przeciwdeszczowy

gabardina

Kostium

traje

Sukienka

vestido

Suknia ślubna

vestido de casamento

Garnitur męski

fato

Koszula nocna

camisa de dormir

Piżama

pijama

Sari

sari

Chusta na głowę

lenço de cabeça

Turban

turbante

Burka

burca

Kaftan

cafetã

Abaya

abaya

Strój kąpielowy

fato de banho

Kąpielówki

calções de banho

Krótkie spodnie

calções

Dres sportowy

fato de treino

Fartuch

avental

Rękawiczki

luvas

Guzik

botão

Okulary

óculos

Bransoletka

pulseira

Łańcuszek

colar

Pierścionek

anel

Kolczyk

brinco

Czapka

boné

Wieszak

cabide

Kapelusz

chapéu

Krawat

gravata

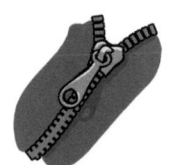

Zamek błyskawiczny

fecho de correr

Kask

capacete

Szelki

suspensórios

Mundurek szkolny

uniforme escolar

Mundur

uniforme

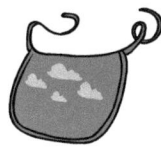

Śliniaczek

babete

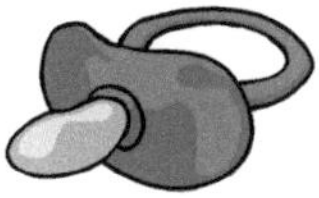

Smoczek

chupeta

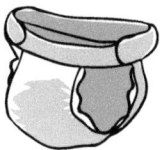

Pieluszka

fralda

Biuro
escritório

Serwer
servidor
Szafa na akta
armário de arquivo
Drukarka
impressora
Papier
papel
Monitor
ecrã
Mysz
rato
Biurko
secretária
Segregator
pasta
Klawiatura
teclado
Kosz na odpadki
cesto de lixo
Komputer
computador
Krzesło
cadeira

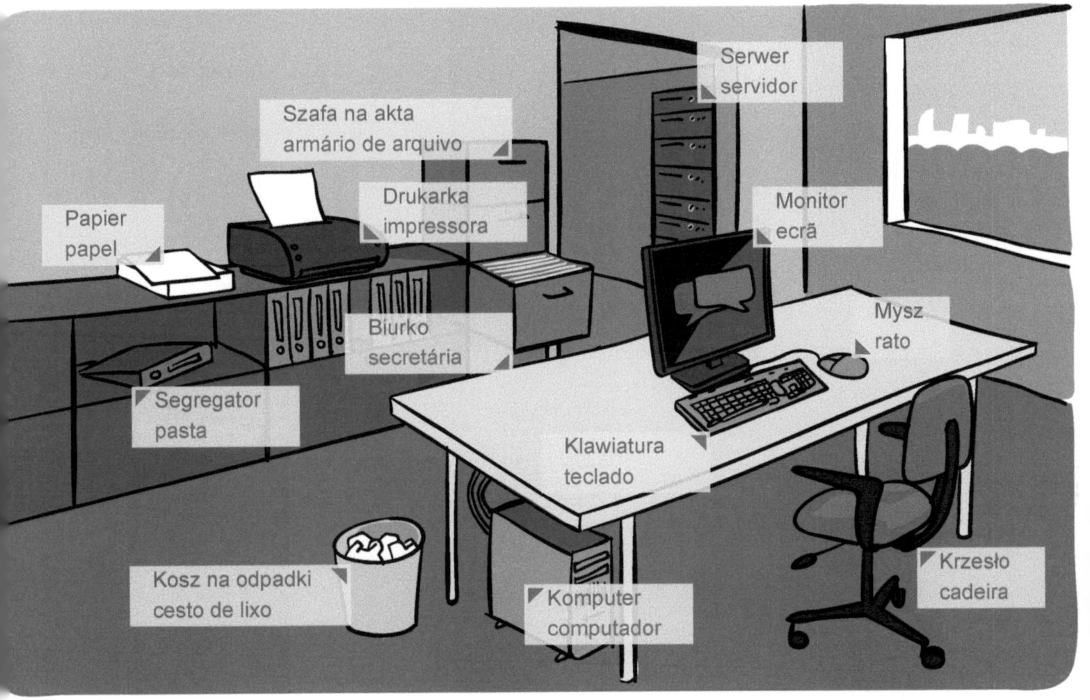

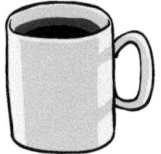

Filiżanka do kawy

caneca de café

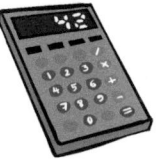

Kalkulator

calculadora

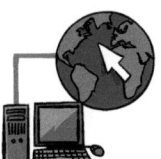

Internet

internet

Laptop

computador portátil

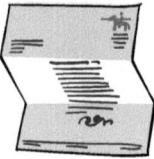

List

carta

Wiadomość

mensagem

Komórka

telemóvel

Sieć

rede

Kopiarka

fotocopiadora

Oprogramowanie

software

Telefon

telefone

Gniazdko

tomada elétrica

Faks

fax

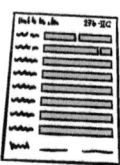

Formularz

formulário

Dokument

documento

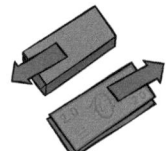

kupić

comprar

płacić

pagar

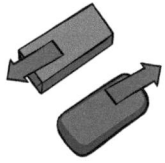

postępować

negociar

Pieniądze

dinheiro

Dolar

dólar

Euro

euro

Jen

yen

Rubel

rublo

Frank

franco suíço

CNY

Juan Renminbi

renminbi yuan

INR

Rupia

rupia

Bankomat

caixa de multibanco

Kantor wymiany walut

casa de câmbio

Złoto

ouro

Srebro

prata

Olej

petróleo

Energia

energia

Cena

preço

Umowa

contrato

Podatek

imposto

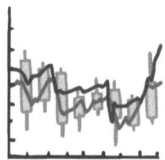

Akcja

ação

pracować

trabalhar

Pracownik umysłowy

empregado

Pracodawca

entidade patronal

Fabryka

fábrica

Sklep

loja

Zawody
profissões

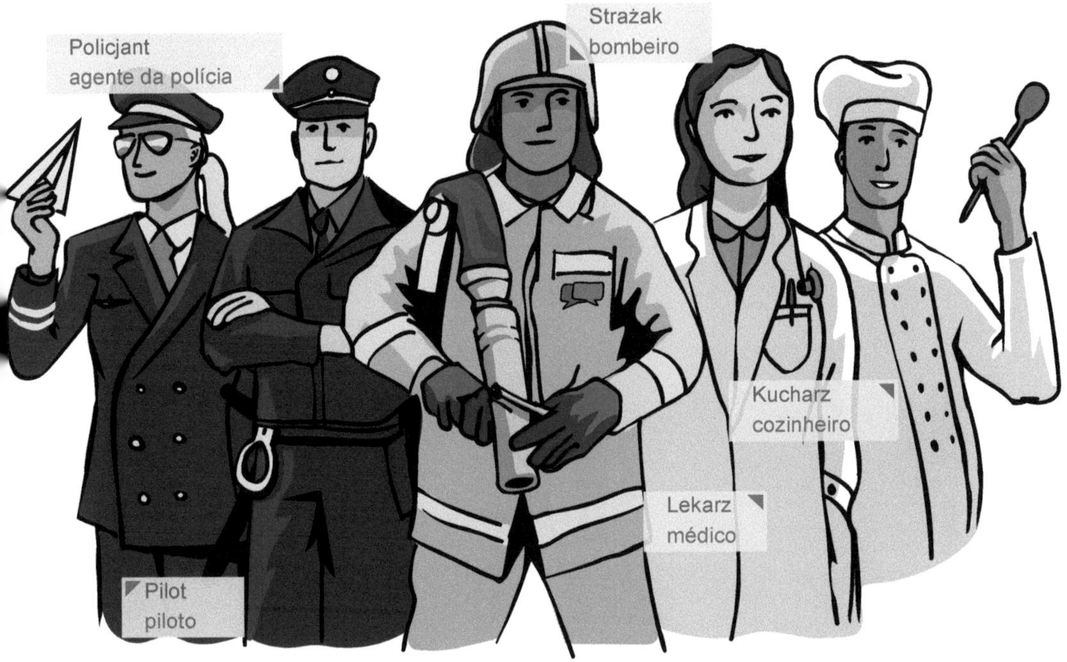
Policjant
agente da polícia
Strażak
bombeiro
Kucharz
cozinheiro
Lekarz
médico
Pilot
piloto

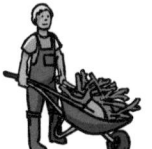

Ogrodnik

jardineiro

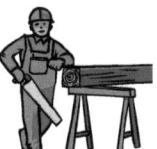

Stolarz

carpinteiro

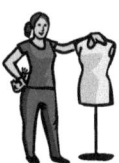

Krawcowa

costureira

Sędzia

juiz

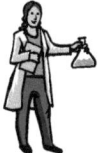

Chemik

químico

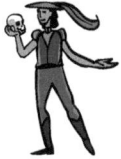

Aktor

ator

Kierowca autobusu

motorista de autocarro

Taksówkarz

motorista de táxi

Fischer

pescador

Sprzątaczka

empregada de limpeza

Dekarz

telhador

Kelner

empregado de mesa

Myśliwy

caçador

Malarz

pintor

Piekarz

padeiro

Elektryk

eletricista

Robotnik budowlany

construtor

Inżynier

engenheiro

Rzeźnik

talhante

Instalator

canalizador

Listonosz

carteiro

Żołnierz

soldado

Architekt

arquiteto

Kasjer

caixa

Florysta

florista

Fryzjer

cabeleireiro

Konduktor

controlador de bilhetes

Mechanik

mecânico

Kapitan

capitão

Dentysta

dentista

Naukowiec

cientista

Rabin

rabino

Imam

imã

Mnich

monge

Proboszcz

pastor

Narzędzia
ferramentas

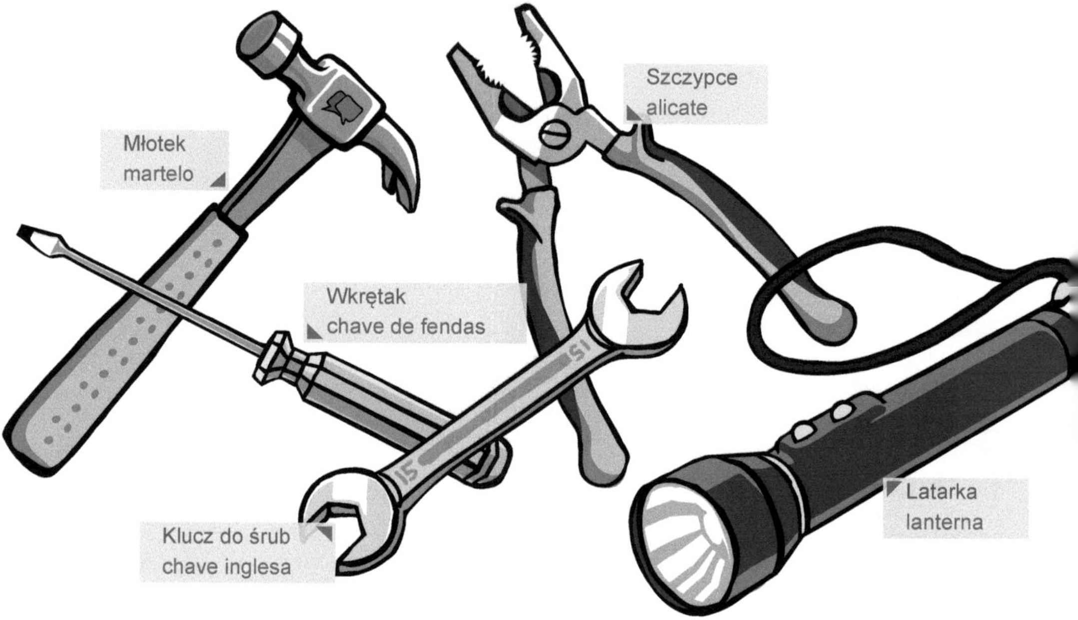
Młotek
martelo
Szczypce
alicate
Wkrętak
chave de fendas
Klucz do śrub
chave inglesa
Latarka
lanterna

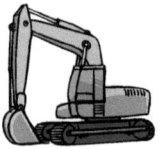

Koparka

escavadora

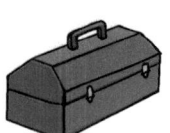

Skrzynka narzędziowa

caixa de ferramentas

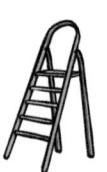

Drabina

escadote

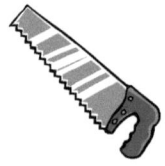

Piła

serra

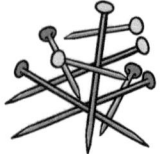

Gwoździe

pregos

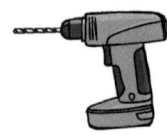

Wiertło

broca

naprawić
reparar

Łopatka
pá

Cholera!
porcaria!

Szufelka
pá de lixo

Puszka z farbą
pote de tinta

Śruby
parafusos

Instrumenty muzyczne
instrumentos musicais

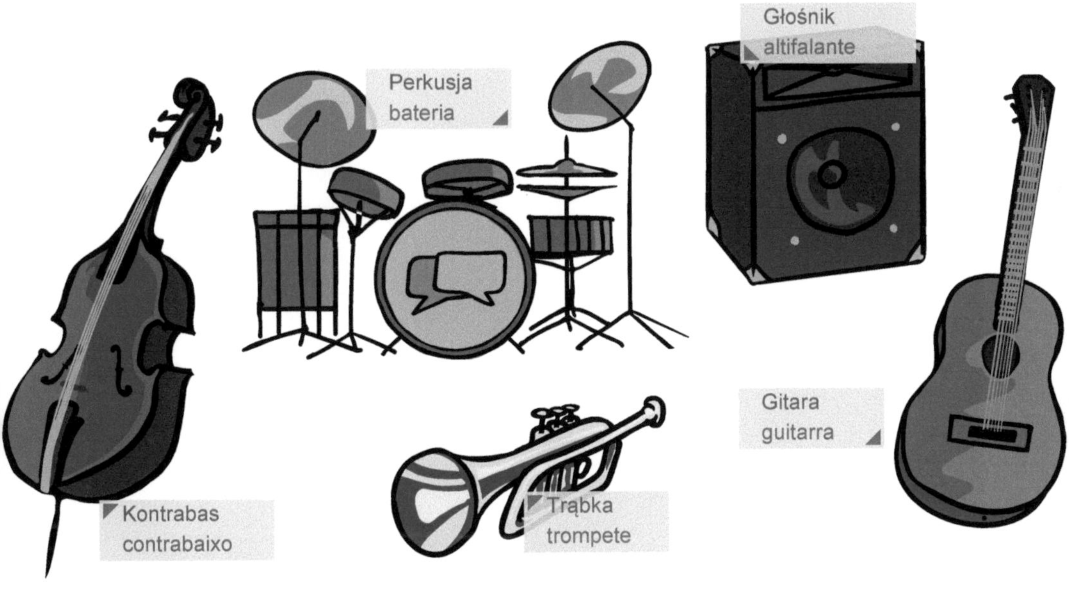

Głośnik
altifalante

Perkusja
bateria

Gitara
guitarra

Kontrabas
contrabaixo

Trąbka
trompete

Pianino

piano

Skrzypce

violino

Bas

baixo

Kotły

timbales

Bęben

tambor

Keyboard

teclado

Saksofon

saxofone

Flet

flauta

Mikrofon

microfone

Zoo
jardim zoológico

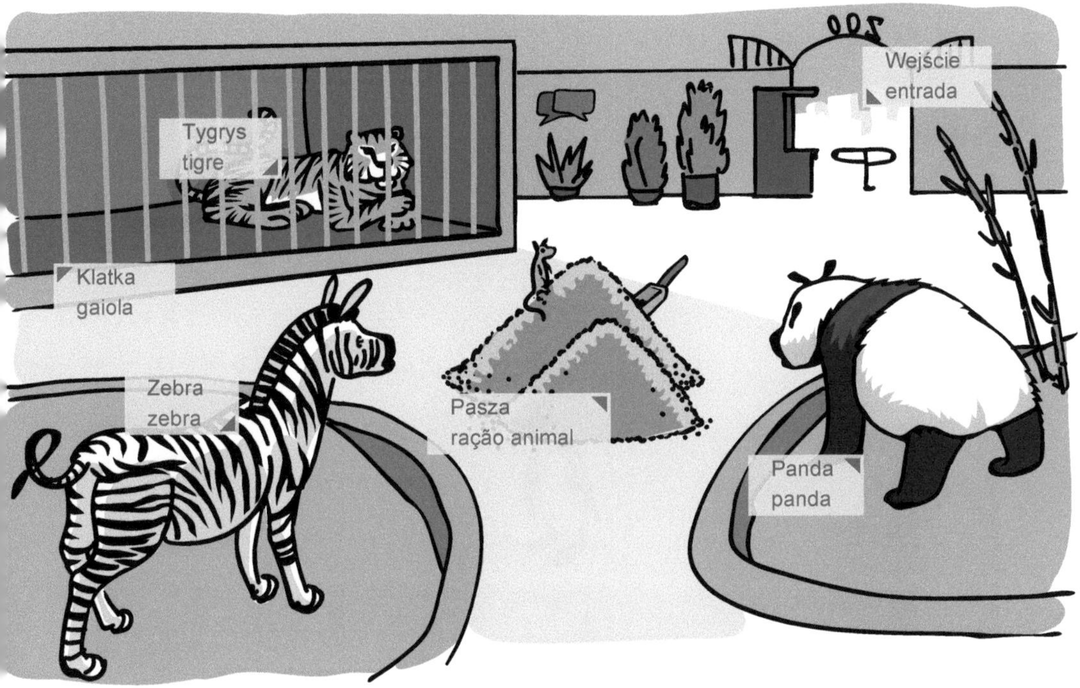
Wejście
entrada
Tygrys
tigre
Klatka
gaiola
Zebra
zebra
Pasza
ração animal
Panda
panda

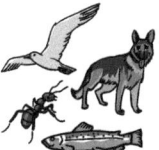

Zwierzęta

animais

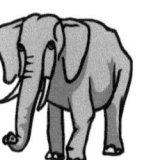

Słoń

elefante

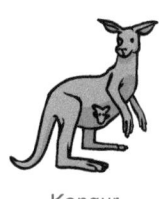

Kangur

canguru

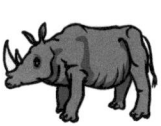

Nosorożec

rinoceronte

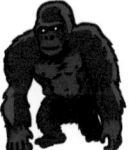

Goryl

gorila

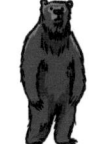

Niedźwiedź

urso

Wielbłąd

camelo

Struś

avestruz

Lew

leão

Małpa

macaco

Fleming

flamingo

Papuga

papagaio

Niedźwiedź polarny

urso polar

Pingwin

pinguim

Rekin

tubarão

Paw

pavão

Wąż

cobra

Krokodyl

crocodilo

Dozorca w zoo

guarda do jardim zoológico

Foka

foca

Jaguar

jaguar

Kucyk

pónei

Gepard

leopardo

Hipopotam

hipopótamo

Żyrafa

girafa

Orzeł

águia

Dzik

javali

Ryba

peixe

Żółw

tartaruga

Mors

morsa

Lis

raposa

Gazela

gazela

Futbol amerykański
futebol americano

Kolarstwo
ciclismo

Tenis
ténis

Koszykówka
basquetebol

Pływanie
natação

Boks
boxe

Hokej na lodzie
hóquei no gelo

Piłka nożna
futebol

Badminton
badminton

Lekka atletyka
atletismo

Piłka ręczna
andebol

Narciarstwo
esqui

Polo
polo

śmiać się
rir

skakać
saltar

objąć
abraçar

iść
andar

śpiewać
cantar

marzyć
sonhar

modlić się
rezar

całować
beijar

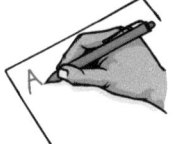

pisać
escrever

rysować
desenhar

pokazywać
mostrar

nacisnąć
empurrar

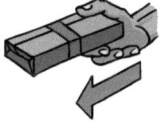

dać
dar

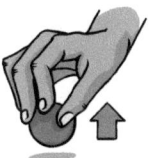

wziąć
tomar

mieć
ter

robić
fazer

być
ser

stać
ficar de pé

biegać
correr

ciągnąć
puxar

rzucać
remessar

spaść
cair

leżeć
deitar

czekać
esperar

nosić
carregar

siedzieć
sentar

zakładać
vestir

spać
dormir

budzić się
acordar

spojrzeć

olhar para

płakać

chorar

głaskać

acariciar

czesać się

pentear

mówić

falar

rozumieć

compreender

pytać

perguntar

słyszeć

ouvir

pić

beber

jeść

comer

sprzątać

arrumar

kochać

amar

gotować

cozinhar

jechać

conduzir

latać

voar

żeglować

velejar

liczyć

calcular

czytać

ler

uczyć się

aprender

pracować

trabalhar

wejść w związek małżeński

casar

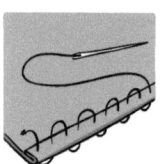

szyć

costurar

myć zęby

escovar os dentes

zabić

matar

palić tytoń

fumar

wysłać

enviar

Rodzina
família

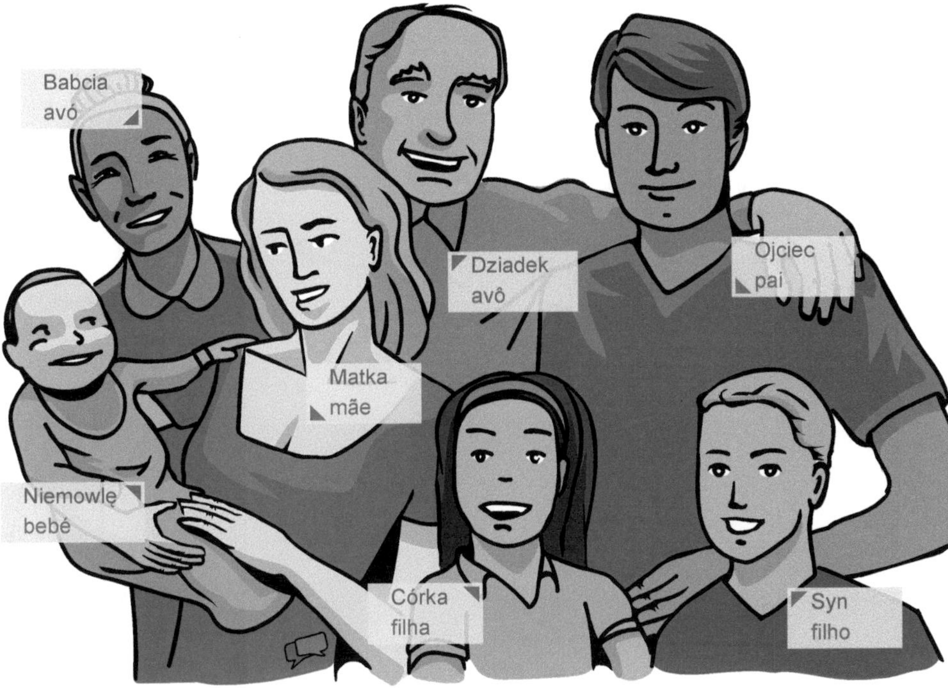
Babcia
avó
Dziadek
avô
Ojciec
pai
Matka
mãe
Niemowlę
bebé
Córka
filha
Syn
filho

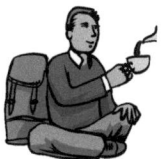

Gość

convidado

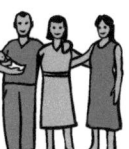

Ciotka

tia

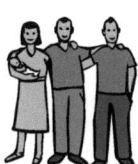

Wujek

tio

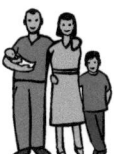

Brat

irmão

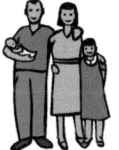

Siostra

irmã

Ciało

corpo

Czoło
testa
Oko
olho
Ramię
ombro
Palec
dedo
Twarz
cara
Broda
queixo
Ręka
mão
Pierś
peito
Noga
perna
Ramię
braço

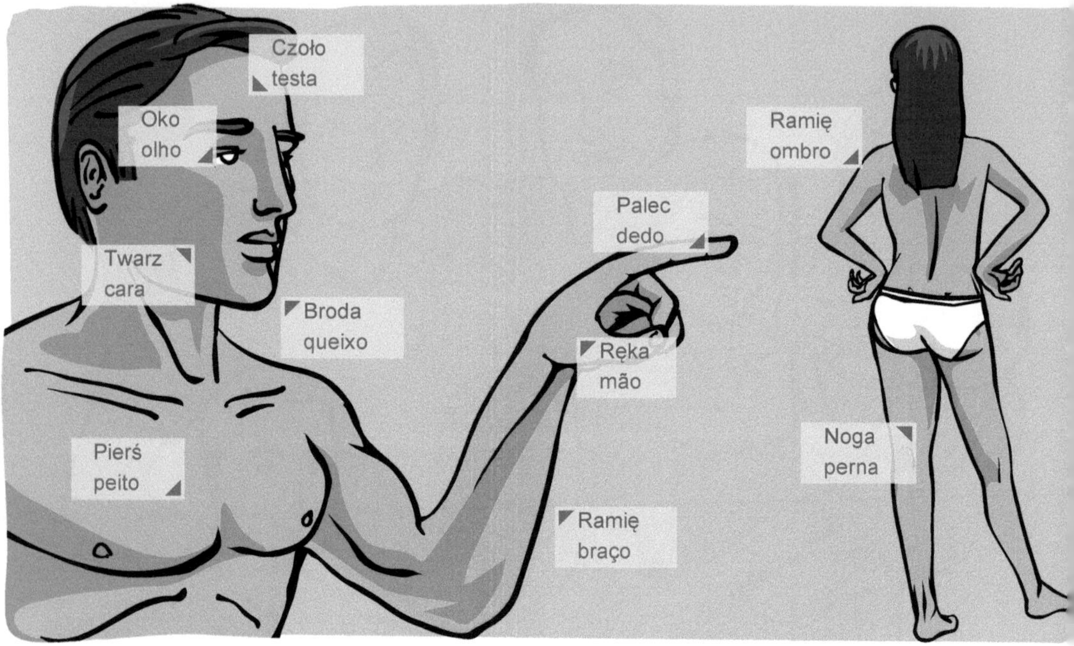

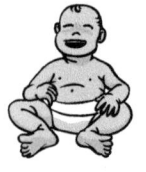

Niemowlę

bebé

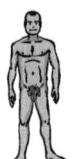

Mężczyzna

homem

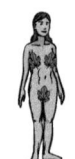

Kobieta

mulher

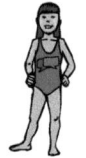

Dziewczyna

menina

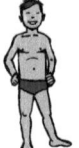

Chłopiec

menino

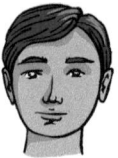

Głowa

cabeça

Plecy

costas

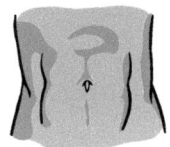

Brzuch

barriga

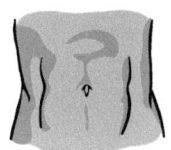

Pępek

umbigo

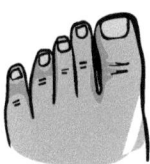

palec nogi

dedo do pé

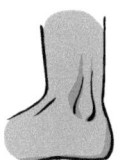

Pięta

calcanhar

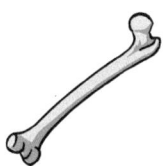

Kość

osso

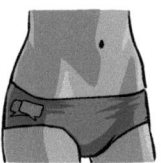

Biodro

anca

Kolano

joelho

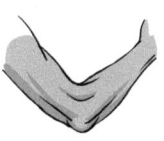

Łokieć

cotovelo

Nos

nariz

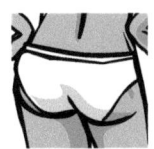

Pośladki

nádegas

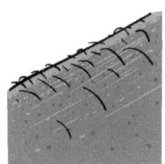

Skóra

pele

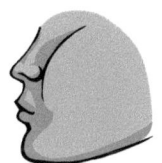

Policzek

bochecha

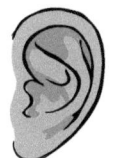

Uszy

orelha

Warga

lábio

Usta

boca

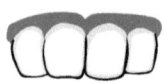

Ząb

dente

Język

língua

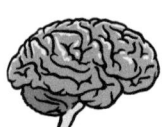

Mózg

cérebro

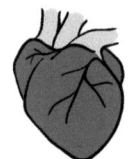

Serce

coração

Mięsień

músculo

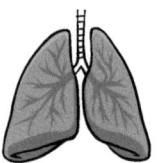

Płuca

pulmão

Wątroba

fígado

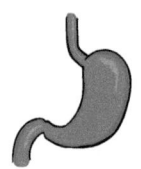

Żołądek

estômago

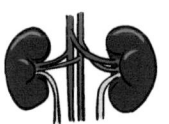

Nerki

rins

Stosunek płciowy

relações sexuais

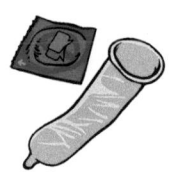

Kondom

preservativo

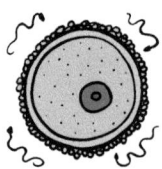

Komórka jajowa

óvulo

Sperma

esperma

Ciąża

gravidez

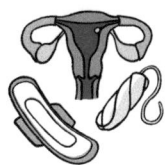

Menstruacja

menstruação

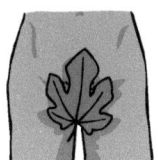

Wagina

vagina

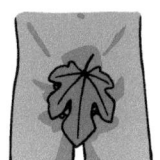

Penis

pénis

Brew

sobrancelha

Włosy

cabelo

Szyja

pescoço

Ciało - corpo

Szpital
hospital

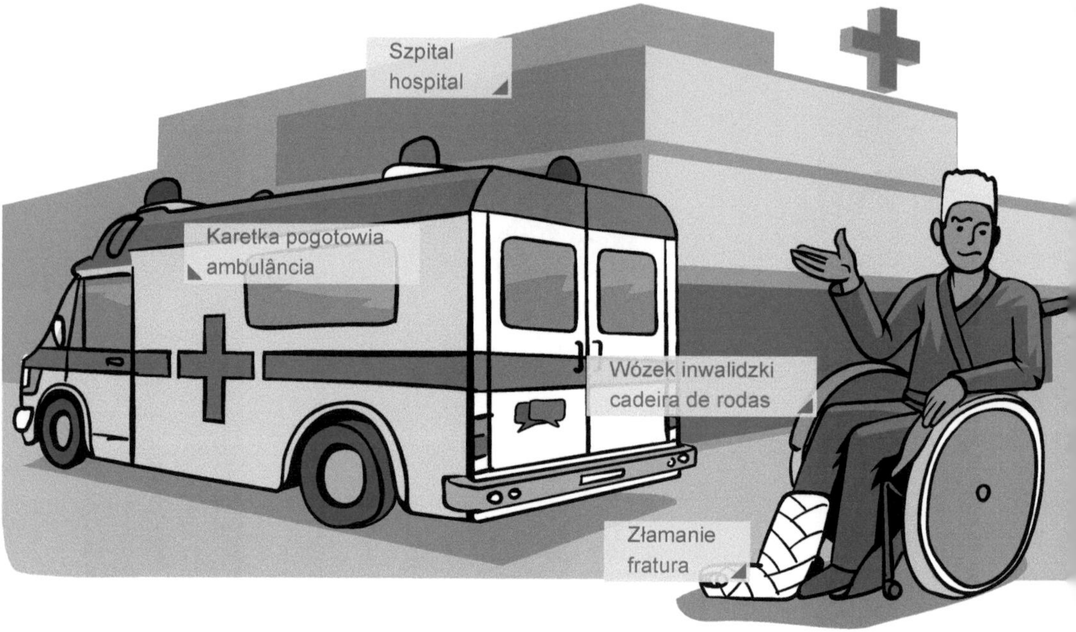

Szpital
hospital
Karetka pogotowia
ambulância
Wózek inwalidzki
cadeira de rodas
Złamanie
fratura

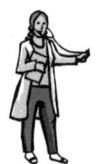

Lekarz

médico

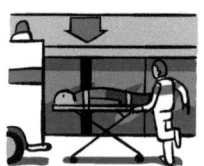

Izba przyjęć

serviço de urgências

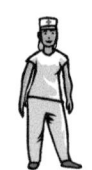

Pielęgniarka

enfermeira

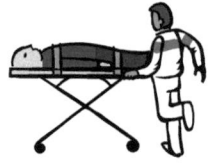

Nagły przypadek

emergência

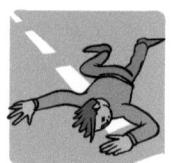

nieprzytomny

inconsciente

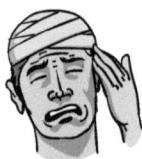

Ból

dor

Skaleczenie

ferimento

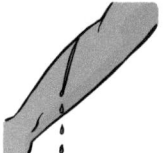

Krwawienie

hemorragia

Zawał serca

ataque cardíaco

Udar mózgu

acidente vascular cerebral

Alergia

alergia

Kaszleć

tosse

Gorączka

febre

Grypa

gripe

Biegunka

diarreia

Ból głowy

dor de cabeça

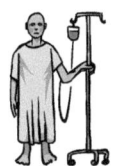

Rak

cancro

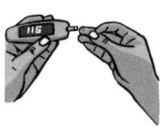

Cukrzyca

diabetes

Chirurg

cirurgião

Skalpel

bisturi

Operacja

operação

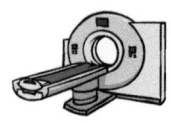

CT

CT

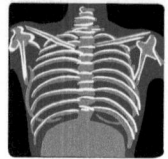

Rentgen

raio x

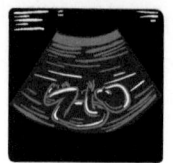

Ultradźwięki

ultrassom

Maska

máscara

Choroba

doença

Poczekalnia

sala de espera

Kula

muleta

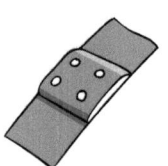

Plaster

penso rápido

Opatrunek

ligadura

Iniekcja

injeção

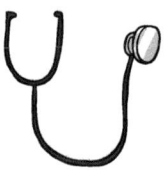

Stetoskop

estetoscópio

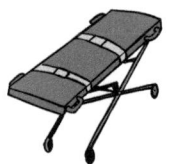

Nosze

maca

Termometr

termómetro

Poród

nascimento

Nadwaga

excesso de peso

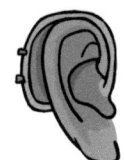

Aparat słuchowy

aparelho auditivo

Środek dezynfekcyjny

desinfetante

Infekcja

infeção

Wirus

vírus

HIV / AIDS

HIV / SIDA

Medycyna

medicamento

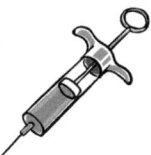

Szczepienie

vacinação

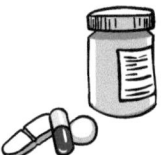

Tabletki

comprimidos

Pigułka

pílula

Telefon ratunkowy

chamada de emergência

Ciśnieniomierz krwi

dispositivo de medição de pressão arterial

chory / zdrowy

doente / saudável

Pomocy!

Socorro!

Alarm

alarme

Napad

assalto

Atak

ataque

Niebezpieczeństwo

perigo

Wyjście awaryjne

saída de emergência

Pożar!

Fogo!

Gaśnica

extintor de incêndios

Wypadek

acidente

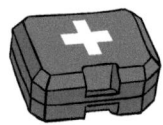

Walizeczka pierwszej
pomocy
estojo de primeiros socorros

SOS

SOS

Policja

polícia

Europa

Europa

Ameryka Północna

América do Norte

Ameryka Południowa

América do Sul

Afryka

África

Azja

Ásia

Australia

Austrália

Atlantyk

Atlântico

Pacyfik

Pacífico

Ocean Indyjski

Oceano Índico

Ocean Antarktyczny

Oceano Antártico

Ocean Arktyczny

Oceano Ártico

Biegun północny

Polo Norte

Biegun południowy

Polo Sul

Antarktyda

Antártica

Ziemia

terra

Kraj

país

Morze

mar

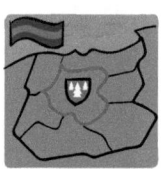

Wyspa

ilha

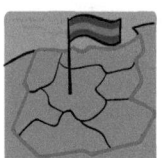

Naród

nação

Państwo

estado

Cyferblat

mostrador do relógio

Wskazówka godzinowa

ponteiro das horas

Wskazówka minutowa

ponteiro dos minutos

Wskazówka sekundowa

ponteiro dos segundos

Która godzina?

Que horas são?

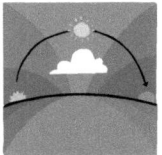

Dzień

dia

Czas

tempo

teraz

agora

Zegarek digitalny

relógio digital

Minuta

minuto

Godzina

hora

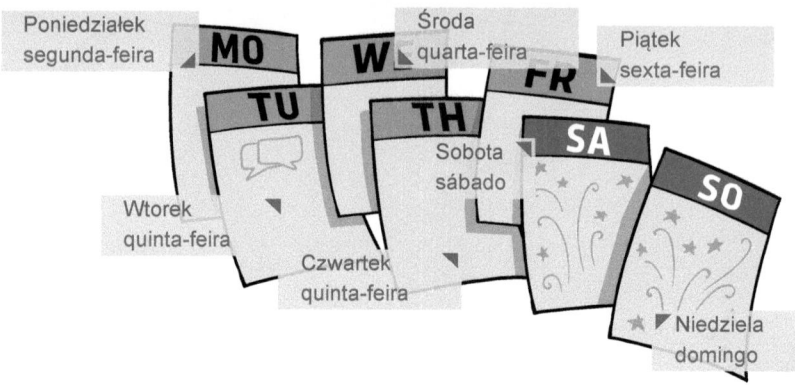

Poniedziałek
segunda-feira

Środa
quarta-feira

Piątek
sexta-feira

Wtorek
quinta-feira

Czwartek
quinta-feira

Sobota
sábado

Niedziela
domingo

wczoraj

ontem

dzisiaj

hoje

jutro

amanhã

Rano

manhã

Południe

meio-dia

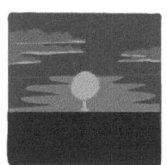

Wieczór

entardecer

Dni robocze

dias úteis

Weekend

fim de semana

Rok
ano

Tęcza
arco-íris
Deszcz
chuva
Wiatr
vento
Śnieg
neve
Wiosna
primavera
Jesień
outono
Lato
verão
Zima
inverno

4.APRIL 11°
5.APRIL 4°
6.APRIL 13°
7.APRIL 8°
8.APRIL 10°

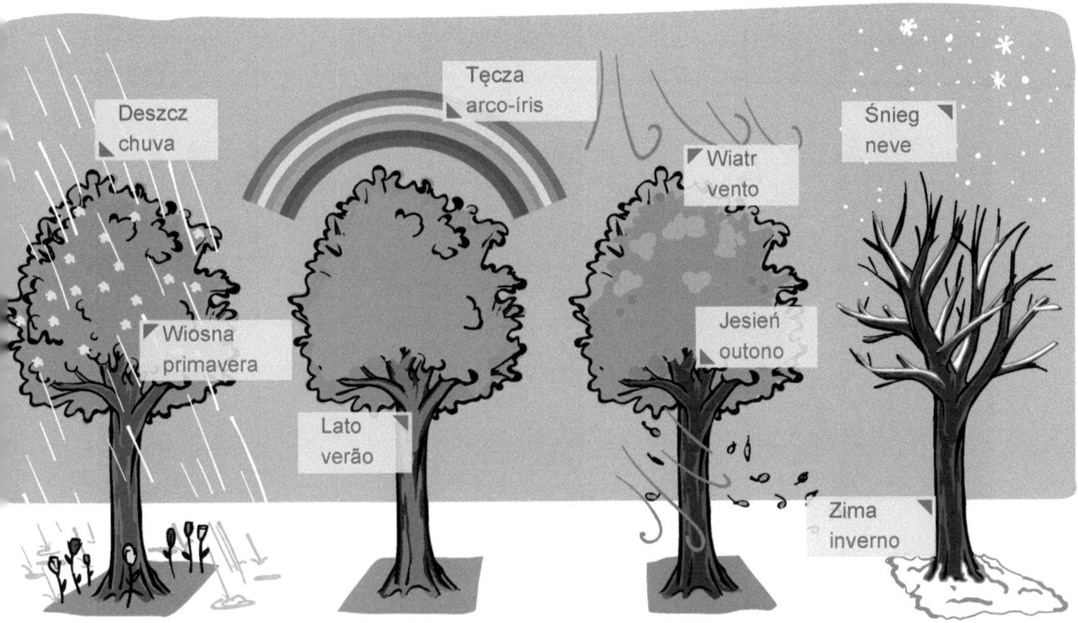

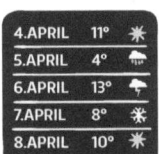

Prognoza pogody

previsão do tempo

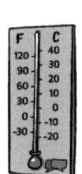

Termometr

termómetro

Światło słoneczne

raios de sol

Chmura

nuvem

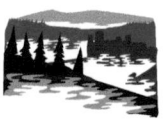

Mgła

neblina / nevoeiro

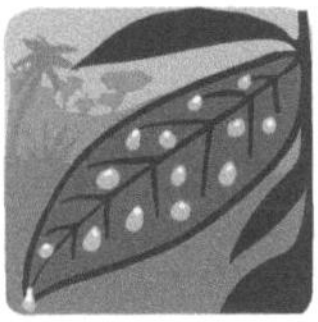

Wilgotność powietrza

humidade do ar

Błyskawica

relâmpago

Grzmot

trovão

Sztorm

tempestade

Grad

granizo

Monsun

monção

Potop

inundação

Lód

gelo

Styczeń

janeiro

Luty

fevereiro

Marzec

março

Kwiecień

abril

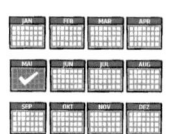

Maj

maio

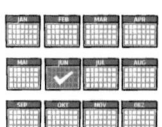

Czerwiec

junho

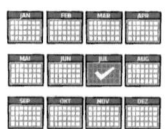

Lipiec

julho

Sierpień

agosto

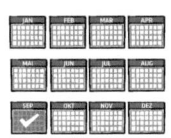

Wrzesień
....
setembro

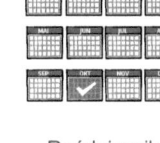

Październik
....
outubro

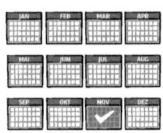

Listopad
....
novembro

Grudzień
....
dezembro

Koło
....
círculo

Kwadrat
....
quadrado

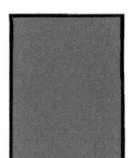

Prostokąt
....
retângulo

Trójkąt
....
triângulo

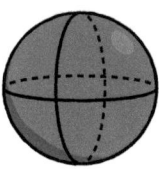

Kula
....
esfera

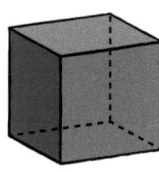

Sześcian
....
cubo

biały
branco

żółty
amarelo

pomarańczowy
laranja

różowy
rosa

czerwony
vermelho

liliowy
lilás

niebieski
azul

zielony
verde

brązowy
castanho

szary
cinzento

czarny
preto

dużo / mało

muito / pouco

wściekły / spokojny

furioso / calmo

piękny / brzydki

lindo / feio

początek / koniec

princípio / fim

duży / mały

grande / pequeno

jasny / ciemny

claro / escuro

brat / siostra

irmão / irmã

czysty / brudny

limpo / sujo

kompletny / niekompletny

completo / incompleto

dzień / noc

dia / noite

umarły / żywy

morto / vivo

szeroki / wąski

largo / estreito

jadalny / niejadalny

comestível / não comestível

zły / uprzejmy

mau / gentil

podniecony / znudzony

entusiasmado / entediado

gruby / chudy

gordo / magro

najpierw / na końcu

primeiro / último

przyjaciel / wróg

amigo / inimigo

pełen / pusty

cheio / vazio

twardy / miękki

duro / macio

ciężki / lekki

pesado / leve

głód / pragnienie

fome / sede

chory / zdrowy

doente / saudável

nielegalny / legalny

ilegal / legal

inteligentny / głupi

inteligente / burro

lewo / prawo

esquerda / direita

bliski / daleki

perto / longe

nowy / używany

novo / usado

nic / coś

nada / algo

stary / młody

velho / jovem

włącz / wyłącz

ligado / desligado

otwarty / zamknięty

aberto / fechado

cichy / głośny

baixo / alto

bogaty / biedny

rico / pobre

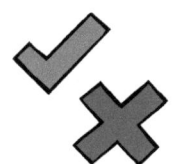

prawidłowy / błędny

certo / errado

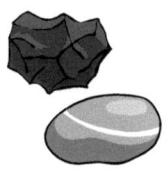

chropowaty / gładki

áspero / liso

smutny / szczęśliwy

triste / feliz

krótki / długi

curto / longo

powolny / szybki

lento / rápido

mokry/suchy

molhado / seco

ciepły / chłodny

ameno / fresco

wojna / pokój

guerra / paz

0

zero

zero

1

jeden

um

2

dwa

dois

3

trzy

três

4

cztery

quatro

5

pięć

cinco

6

sześć

seis

7

siedem

sete

8

osiem

oito

9

dziewięć

nove

10

dziesięć

dez

11

jedenaście

onze

12

dwanaście

doze

13

trzynaście

treze

14

czternaście

catorze

15

piętnaście

quinze

16

szesnaście

dezasseis

17

siedemnaście

dezassete

18

osiemnaście

dezoito

19

dziewiętnaście

dezanove

20

dwadzieścia

vinte

100

sto

cem

1.000

tysiąc

mil

1.000.000

milion

milhão

Angielski

inglês

Angielski amerykański

inglês americano

Chiński mandaryński

chinês mandarim

Hindi

hindi

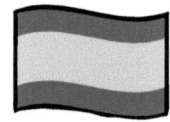

Hiszpański

espanhol

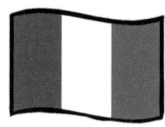

Francuski

francês

Arabski

árabe

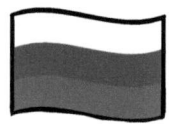

Rosyjski

russo

Portugalski

português

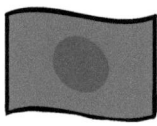

Bengalski

bengalês

Niemiecki

alemão

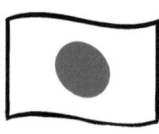

Japoński

japonês

ja

eu

ty

tu

on / ona / ono

ele / ela

my

nós

wy

vós

oni

eles / elas

kto?

quem?

co?

o quê?

jak?

como?

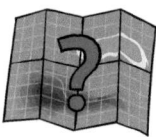

gdzie?

onde?

kiedy?

quando?

Nazwisko

nome

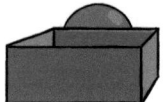

za
....
atrás

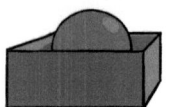

w
....
em

przed
....
à frente de

powyżej
....
sobre

na
....
em cima

pod
....
debaixo

obok
....
ao lado

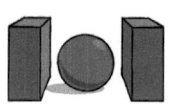

między
....
entre

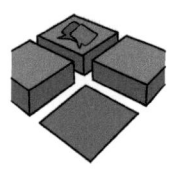

Miejsce
....
lugar